RÉPONSE

DE M. CAMILLE-JORDAN,

DÉPUTÉ DU DÉPARTEMENT DE L'AIN,

A un Discours sur les troubles de Lyon; prononcée dans la Séance du 22 avril 1818, pendant la discussion du Budget.

RÉPONSE

DE M. DE COTTON,

DÉPUTÉ DU RHÔNE,

A M. CAMILLE-JORDAN, de Lyon,

DÉPUTÉ DE L'AIN.

PARIS,

Chez PLANCHER, Editeur des OEuvres de Voltaire, in-12, et du Manuel des Braves, rue Poupée, n°. 7.

1818.

RÉPONSE

DE M. CAMILLE-JORDAN,

Député du département de l'Ain,

A un Discours sur les troubles de Lyon; prononcée dans la Séance du 22 avril 1818, pendant la discussion du Budget.

MESSIEURS,

Je ne viens qu'à regret vous reparler encore de ces troubles de Lyon, dont on ne cesse d'importuner la Chambre dans les questions les plus étrangères; mais personnellement désigné, presque inculpé par un des collègues qui descend de la tribune, je ne puis me dispenser de dire quelques mots au moins sur ce qui me concerne.

On m'a reproché quelques paroles sévères sur les cours prévôtales ; on a semblé y voir , sinon un défaut de vérité , au moins un défaut de convenance ; mais quoi de plus naturel et de plus légitime que d'avoir, à l'occasion d'un choix important entre les formes de jugement qui nous occupoit alors, appelé l'attention de la Chambre sur ces tribunaux extraordinaires , invité à relire leurs procédures , à peser des plaintes graves de l'opinion ? Une telle surveillance de la justice n'est-elle pas au nombre des premiers devoirs de ces législateurs qui organisent la justice elle-même ? Faudra-t-il donc aussi dans cette enceinte cacher, *enterrer* la vérité , sur les erreurs des tribunaux , fermer ce dernier recours à la réclamation ? Et si en effet mes paroles ont pu faire quelque impression , concourir à tempérer d'excessives rigueurs, n'aurai-je pas en cela bien mérité de l'humanité ? (Murmures du côté droit).

Connaissant tout ce que je connais des opérations de certaines cours prévôtales , loin de rétracter de telles paroles, je serais prêt à les fortifier encore. (*Plusieurs voix du côté droit :* dites , dites tout ce que vous connaissez !) Ce n'en est ici ni le temps ni le lieu... Qui ne s'étonneroit au reste, Messieurs, de l'inconséquence de tous ces hommes, si tendres sur l'honneur d'une cour prévôtale, d'un li eutenant-général ; qui croient tout l'Etat en péril pour les voir seulement soupçonnés ; qui nous prê-chent les maximes de la réserve la plus outrée ? Il fallait s'en souvenir, lorsqu'en 1815 on ne cessait de dénoncer et d'épurer les tribunaux ; il faut s'en souvenir encore lorsque peu content d'encourager au-dehors cet esprit d'injurieuse intolérance envers les individus, caractère distinctif du parti de l'exa-gération, on vient même à cette tribune dénoncer de grands fonctionnaires, les chefs de l'adminis-tration, l'administration toute entière; faire sup-poser, sans la moindre preuve, des conspirations, tantôt dans un ministère, tantôt dans l'autre. Car c'est là ce qui, en ébranlant la confiance du peuple dans son Gouvernement, menace véritablement *les premiers fondemens de l'ordre social.*

Ces mêmes hommes s'épuisent à demander au-jourd'hui des informations, des enquêtes sur les événemens de Lyon. Nous les sollicitons avec eux. Nous les félicitons de sentir enfin l'utilité de la vérité, la convenance de sa libre manifestation ; nous admirons les progrès qu'ils ont faits en ce genre depuis l'époque où ils repoussoient de cette tribune, avec de si violentes clameurs, la première révélation de ces désordres du Midi, qu'il eût été si facile d'arrêter alors (Mouvement d'approbation).

Quelle doit être, au reste, la direction de ces

enquêtes qu'ils sollicitent? qu'avons-nous à en attendre ? Nul homme sensé ne doute, en effet, que des mouvemens séditieux, coupables, n'aient existé dans ce département du Rhône ; qu'ils n'aient dû être énergiquement réprimés ; que plusieurs autorités n'aient concuru à cette répression avec une entière bonne-foi. Mais qui donna l'impulsion à ces paysans ou artisans égarés ? quelle main secrète fit mouvoir les agens subalternes évidemment surpris dans de honteuses instigations ? Voilà sur quoi tout autorise au moins de terribles soupçons ; voilà sur quoi bientôt, je l'espère, ou la liberté de la presse, ou l'action des tribunaux, nous fourniront plus de lumières peut-être que n'en voudront plusieurs de ceux qui les réclament. Mais, sans attendre le résultat de ces querelles particulières qu'il ne nous est point donné pour le moment de juger, nous possédons déjà assez de renseignemens pour tirer de ces événemens la seule grande instruction législative qui puisse véritablement nous importer. Quoi qu'il en soit des excitations invisibles, il y eut dans ce département, avant ces troubles, une autre excitation trop générale, trop publique, pour qu'elle puisse être méconnue : ce fut celle-là même qui dut résulter de la fausse direction de l'opinion royaliste, de l'organisation malheureuse des auto-

rités principales, de cette double action adminis-
trative, qui, remarquée d'ailleurs sur tant d'autres
points de la France, ne fut nulle part plus sensible et plus funeste..... Je m'explique, Messieurs; une hypothèse vous peindra mieux ma
pensée toute entière.

Supposez qu'il ait existé un département, poli-
tiquement isolé de tous les autres; où la nouvelle
du salutaire 5 septembre ne fût point arrivée, où
une telle mesure n'eût reçu du moins aucune
exécution véritable et sincère; où la plupart des
plus inffuans royalistes, hommes respectables
tant que vous le voudrez, dans la vie privée, mais
d'ailleurs profondément aveugles dans la politique, fussent restés infatués de toutes les opinions
de 1815; où, sur la foi de ces déclamations si violentes que vous entendez encore retentir à cette
tribune, ils eussent continué à n'apercevoir, dans
toutes les mesures d'une administration répara-
trice, que des symptômes d'une conspiration toujours croissante contre le trône et l'autel; où
plusieurs des autorités principales, loin de réprimer un tel délire, l'eussent déplorablement flatté,
eussent même paru quelquefois le partager; où
l'action du Gouvernement se fût ainsi trouvée
sans cesse contrariée par une autre action invisible et plus puissante; où, sous une telle in-

fluence, dans de telles sociétés, les hommes les plus irréprochables pour défendre seulement l'administration actuelle, pour soutenir, Messieurs, toutes les opinions qui vous sont chères, fussent devenus les objets de la plus constante comme de la plus odieuse diffamation.

Eh bien ! doutez-vous, Messieurs, de l'impression qu'aurait faite un tel ordre de choses sur la masse d'une population d'ailleurs éminemment généreuse, dévouée, fidèle ? Vous étonneriez-vous qu'une partie de cette population se fût passagèrement aigrie ; qu'un petit nombre, dans les classes inférieures, eussent appris à douter d'un gouvernement qui ne leur était présenté que sous de telles images, envers lequel ses premiers citoyens, ses agens eux-mêmes semblaient manquer de confiance et de respect ; qu'ils se fussent laissés entraîner à quelques suggestions perfides, à quelques mouvemens funestes ?

Et si, à la suite d'un absurde et ignoble complot, où l'action de l'espionnage n'aurait été que trop visible, qui n'aurait pu qu'avorter au moment même où il aurait éclaté, le parti de l'exagération s'en était avidement emparé, en avait ridiculement exagéré l'importance, en avait accompagné la punition d'excessives rigueurs, y avait cherché la confirmation de toutes ses doctrines, un moyen de flétrissure pour les seules autorités qui l'eussent importuné en le contenant; faudrait-il encore s'étonner, Messieurs, que l'indignation d'une partie de la population se fût exaltée davantage contre des hommes si empressés à se faire valoir de leurs équivoques services, si sévères contre un esprit de désobéissance dont ils auraient donné peut-être le premier exemple; que de plus graves soupçons aient fini même par réagir contre ces éternels inventeurs de soupçons de tous les genres; qu'on ait accusé quelques-uns d'entre eux d'avoir excité ce complot lui-même, pour l'exploiter au profit d'un parti, se réservant, suivant la morale ordinaire des partis, de consacrer l'irrégularité des moyens par la légitimité du but; et qu'ainsi se soient élevés jusqu'au sein des autorités principales de scandaleuses querelles, semblables à celles qui sont venues retentir dans cette enceinte.....

N'est-ce qu'une fiction que je vous raconte ici, Messieurs? était-ce là en effet l'état du département du Rhône? en a-t-il au moins retracé les traits principaux? Je ne veux point le décider par moi-même, je m'en remets à la conscience des parties intéressées. Et d'abord, sous le rapport des opinions, qu'ils nous disent, ces hommes qu'on appelle respectables, s'ils voudront désavouer tous ces

sentimens dont ils se sont fait si long-temps honneur, toutes leurs lamentations éternelles et pu-
bliques sur l'ordonnance du 5 septembre, sur la loi
des élections, sur noslois prétendues irréligieuses,
sur la marche de l'administration entière, sur
l'action spécialement conspiratrice de la police de
leur Roi; qu'ils démentent, s'ils l'osent, leur in-
time consanguinité avec les principaux chefs de
l'exagération dans la capitale, si bien prouvée par
tous leurs actes, par les éloges qu'ils leur donnent,
par ceux qu'ils en reçoivent, par la manière elle-
même dont pénétrant dans cette enceinte, ils viendraient y voter.....

Et sous le rapport des faits relatifs aux troubles
de ce département, qu'on tienne compte seulement
de tous les aveux qui leur sont échappés dans leurs
propres écrits, sans recourir aux écrits de leurs
adversaires; qu'on les écoute, se parant des tro-
phées du général Canuel, des procédures de la
cour prévôtale, prenant sur eux la responsabilité
d'une telle gloire, d'une telle justice, paraissant
se plaindre seulement qu'on n'ait pas assez sévé-
rement réprimé les uns, assez chargé d'honneur
les autres........ Je n'en veux pas davantage,
Messieurs; et quand, en effet, telle sera la direction
de l'opinion royalistedans un département, quand
le Gouvernement y sera ainsi servi et représenté,

quand on continuera le contre-sens politique de confier le soin de faire respecter l'administration à ceux-là même qui la décrient..... n'attendez pas d'autre résultat; n'espérez pas que les opinions de 1815 ainsi encouragées dans les classes supérieures, fassent germer autre chose dans les classes inférieures, que des actions du 20 mars ou du 8 juin....

Oui, voilà en effet le seul tort véritable de ce gouvernement dont je connais d'ailleurs si bien les intentions pleines de droiture dans les affaires de ma malheureuse patrie; c'est de s'être trop tard aperçu d'un tel ordre de choses, de l'avoir trop tard réprimé, d'avoir trop marqué la répression elle-même de quelques traits d'une indécision, d'une oscillation fatale. Mais à qui fut la faute première et sans excuse? Ne fut-elle pas à ceux qui l'entretinrent dans l'ignorance sur l'état d'un tel pays, qui l'encouragèrent dans cette conduite incertaine, qui eussent poussé de si vives clameurs si on leur avait appliqué ce système d'épuration dont ils avaient donné l'exemple?

Et ce sont cependant ces hommes eux-mêmes qui osent aujourd'hui reprocher à ce gouvernement les fautes qu'il lui ont fait faire, une faiblesse qui consista sur-tout en vains ménagemens à leur égard; grande et sévère leçon dont il conservera, j'espère, le souvenir !

Ce sont eux qui ont le singulier courage de paraître triompher sur de tels événemens, d'interpeller à leur sujet avec une sorte de fierté ; comme si les troubles de Lyon, avec les excès du Midi, n'étaient pas destinés désormais à servir de stigmates éternels au parti de l'exagération ; comme si le souvenir de l'influence malheureuse qu'il exerça dans ces contrées ne devait pas faire baisser les yeux à tous ses chef dans le sentiment d'une confusion méritée....

C'en est assez, Messieurs, sur la grande instruction législative qui doit résulter pour nous des événemens connus de Lyon.

Nous pouvons attendre désormais avec plus de patience que le reste du voile se déchire, et que l'opinion achève de se fixer sur les autres circonstances de ces déplorables querelles.

RÉPONSE

DE M. DE COTTON,

DÉPUTÉ DU RHÔNE,

A M. CAMILLE-JORDAN, de Lyon,

DÉPUTÉ DE L'AIN.

———

MONSIEUR ET HONORABLE COLLÈGUE,

J'ÉTAIS retenu, depuis quelque jours, par une indisposition qui m'a empêché d'assister à la séance du 22, et je m'en félicite. Peut-être votre chaleur et votre éloquence, quoique habituelle-

ment elles fassent peu d'effet sur moi, m'auraient-
elles gagné, et j'eusse voulu vous répondre. Peut-
être, au milieu du trouble général, et du vôtre en
particulier, eussé-je mal interprété des phrases
mal entendues, plus souvent mal conçues et em-
barrassées, et je me serais exposé à répondre
plutôt à mes idées qu'aux vôtres. Mais aujour-
d'hui que votre discours se montre corrigé, poli,
rajusté, dans le Moniteur officieux, tel enfin que
vous voulez l'avoir débité, je puis, sans crainte
de m'égarer, prendre à mon tour la parole, et
discuter vos assertions, avec tout le calme de
l'examen, et à l'abri de la séduction de votre éloquence.

Et d'abord, je conçois peu, je l'avoue, votre
persévérance à vous rendre l'accusateur constant
de vos compatriotes. Qui vous a imposé cette
triste obligation ? Quel motif si puissant vous
stimule ? Le libéralisme le plus pur ne saurait
aller jusques-là. Prenez garde ; pour être député
et libéral, comme *pour être dévot,* ainsi que
dit Tartufe, *on n'en est pas moins homme.*
Méfions-nous donc de ce penchant, bien naturel
à l'humanité, de travestir nos ressentimens par-
ticuliers en zèle pour le bien public, et nos dé-
tracteurs personnels en ennemis de l'État. Je
conviens que les Lyonnais, vos compatriotes et

les miens, ont quelques reproches à se faire envers vous. Ils n'ont pas fait à vos talens et à votre mérite l'accueil qui leur était dû; ils n'en ont pas témoigné l'admiration que vous en attendiez justement. C'est un tort grave, je le confesse; mais, hélas! chez eux c'est une espèce de péché d'habitude invétérée. Vous savez ce qu'il leur en a déjà coûté pour avoir mal reçu des talens d'un autre genre; le châtiment en est encore sur place. Non que je veuille faire aucun rapprochement entre ce terrible correcteur et vous; il serait injuste, odieux, barbare. Je ne veux que vous faire sentir par cette citation l'inconvenance de votre rôle, dont vous seul ne vous apercevez pas; et vous ramener à la pratique de cette modération dont vous possédez si bien la théorie, en vous montrant le seul prix que vous puissiez retirer de vos poursuites. Croyez-moi, nos compatriotes ont été insensibles à votre mérite, ils le seront à bien d'autres. Tenez-les donc pour incorrigibles sur ce point; laissez-les encroûtés dans leur aveuglement et leur mauvais goût, et venons à votre discours d'accusation.

J'aperçois dès le but une amélioration bien sensible dans cette affaire, et je m'en réjouis. Il n'y est déjà plus question, comme dans le libelle scandaleux, de contester la réalité de la conspiration ; il n'est plus question pareillement que les autorité, elles - mêmes aient, par leurs agens, poussé des malheureux à la révolte afin de se créer le mérite odieux de la réprimer. Vous les reconnaissez innocentes : grâces vous en soient rendues ; grâces en soient rendues aussi un peu à l'évidence avec laquelle elles l'ont démontré. Mais n'importe. Vous trouvez seulement que plusieurs des autorités principales, loin de réprimer un certain délire d'opposition contre le 5 septembre, la loi des élections, etc., qui s'était manifesté parmi des hommes respectables d'ailleurs, l'ont, au contraire, déplorablement flatté, ont quelquefois même paru le partager, et que l'action du Gouvernement s'est trouvée sans cesse contrariée par une action invisible et puissante. Cette inculpation, quoique obscure et entortillée, est encore assez grave. Elle ne tend à rien moins qu'à dire qu'ils ont manqué à leurs devoirs et à leur conscience. Je ne vous sommerai pas, quoique ce fut de droit rigoureux, de nous faire connaître d'après quels faits vous constituez ces autorités en prévarication ; je vous demanderai seulement, comment vous avez connaissance de ces faits ? Certes, ils ne pouvaient se passer que dans l'intimité des sociétés privées : il faudra bien ici que vous conveniez ou que vous étiez reçu dans les salons, foyer

de tout ce délire, ou que vous écouliez aux por-
tes ; ou enfin que ceux qui vous les ont rapportés
étaient dans l'une ou l'autre de ces positions.
Dans le premier cas, faire reposer votre accusation sur des discours tenus avec l'abandon de
la confiance, ou surpris à la négligence, me paraît un rôle assez triste ; dans le second, la
confiance donnée à vos instructeurs me paraît
un peu hasardée ; et si elle prouve la candeur
de votre crédulité, elle n'est pas très-propre au
moins à vous concilier la nôtre, sur-tout lorsqu'il s'agit de flétrir des magistrats honorables
et honorés par le Roi, jouissant de l'estime publique, et précédés d'une longue vie sans tache.

Mais enfin, j'admets les faits, puisque vous
les assurez ; je ne vous demanderai pas l'explication de quelques réticences, et d'assertions
vagues, où votre embarras ne peut se dissi-
muler. Je prends le tout tel que vous nous le
donnez, et je dis, que bien loin d'accuser toutes ces personnes pour les discours qu'elles ont
tenus, vous devriez les défendre, si un autre
les accusait. Soyez donc une fois conséquent
avec vous-même. Comment, vous, ami si zélé
et si prolixe de la liberté absolue de la presse,
vous qui voulez tenir la porte ouverte à toutes les
opinions et à toutes les idées, vous trouvez mau-

Rép. de M. de Cotton.   2

vais qu'on ait des opinions parce qu'elles ne sont pas les vôtres ! vous blâmez ce qu'on dit dans l'intérieur des salons , vous qui combattez pour que tout puissse se produire au grand jour ! Où sont donc ces principes de liberté dont vous faites tant de bruit ? Est-ce par hasard que vous ne la voudriez que pour les idées que vous appelez libérales ? Expliquez-vous , que nous sachions à quoi nous en tenir positivement ; pour ne pas encourir votre indignation. Ah ! je commence à concevoir cette forme de gouvernement méthaphysique à laquelle les libéraux veulent uous amener ; cela se réduirait au fond à un gouvernement à la spartiate , dont vous et vos amis seriez les citoyens , et nous , pauvres illibéraux , les ilotes. Mais en attendant que cela s'exécute, souffrez, par *libéralité* du moins, dans les autres , cette liberté d'opinion que vous vous retenez pour vous - même , par droit de nature et de sublimité d'esprit. Mais , assurez-vous , dans ces sociétés on déclamait contre le 5 septembre et la loi des élections ; c'étaient des autorités du Roi qui flattaient ce délire , qui paraissaient même le partager quelquefois , et ainsi ells ont décrié le Gouvernement ; si tout cela est vrai , sans doute ells seraient blâmables, mais , permettez-moi de vous le dire , blâmables par tout autre que par vous. Eh ! blâmez donc aussi ce conseiller d'État qui monte à la tribune pour parler contre une loi présentée au nom du Roi , délibérée dans le conseil d'État lui-même ; et qui lui reproche jusqu'à des inconstitutionnalités. Pensez-vous que le Gouvernement soit moins décrié par ces discours d'apparat, auxquels la France, pour ainsi dire , assiste tout entière , que par des propos enfouis dans l'intérieur des salons , où ils naissent et meurent au même instant ? Qu'est-ce que le peuple doit en conclure , quand il voit ce conseiller , qui a une place si élevée dans le Gouvernement, se prononcer ouvertement contre lui ? Le proclamerez-vous l'auteur des troubles qui viendraient à éclater dans l'avenir ? Mais , direz-vous , pour excuse , le devoir de député , la conscience ; Eh ! Monsieur, la conscience , qui n'en a pas une comme il veut , et elle sert bien souvent de couverture à bien des sottises. Il ne suffit pas de parler et d'agir suivant sa conscience : il faut encore que la conscience fasse parler et agir convenablement. Mais du moins quand on veut pouvoir alléguer le témoignage de sa conscience , faut-il recevoir le témoignage de celle des autres ; croire qu'il peuvent parler suivant la leur , et la respecter, si l'on veut avoir le droit de parler de la sienne et de la faire respecter.

Ah ! Monsieur, que *le moi personnel* se fait sentir dans les gémissemens douloureux que vous poussez sur le traitement qu'éprouvaient dans ces sociétés les défenseurs du Gouvernement, qui y étaient *livrés à la plus constante comme à la plus ridicule diffamation.* Vous ne vous trompez pas, j'espère, en donnant ponr défenseurs du Gouvernement, de ses vues et de ses plans, des hommes qui ne defendraient que leur propre doctrine et leurs systèmes. Il n'y a point de telles erreurs à craindre de votre part. Soit, au moins ici votre sensibilité est juste. Il n'est jamais permis de diffamer qui que ce soit, encore moins des fonctionnaires publics, des hommes employés par le Roi, voués à son service, et d'avilir ainsi l'autorité dans la personne de ses dépositaires. Je désirerais seulement que cette sensibilité vous eût averti que ceux sur qui vous jetez des soupçons et appelez l'animadversion publique, sont aussi des magistrats qui agissaient au nom et pour les intérêts du Roi, et qu'il a honorés de sa confiance. Pourquoi les mettez-vous hors de la loi, lorsque vous la réclamez avec tant de raison pour les autres.

J'ai été facile et coulant pour les faits que vous nous avez avancés, il n'en sera pas de même pour les inductions et les conséquences que vous en tirez, oh! sur ce chapitre je suis intraitable. J'exige d'un conseiller d'Etat du *raisonner juste* en tout et par-tout. C'est là ma marotte, j'en conviens, ma folie; j'en fais le palladium de la France, comme vous de la loi des élections; et j'éprouve à l'ouïr d'un raisonnement faux, un certain frémissement, une certaine contraction, comme vous, à l'aspect d'un ultrà. Or, dans tout ce que vous nous avez donné pour être les causes de la conspiration dont vous ne contestez plus au reste la réalité, je n'ai pu apercevoir la moindre connexité entre l'effet produit et la cause que vous lui indiquez; il y a là une lacune que vous nous faites franchir d'un saut; mais sur quelle crédulité avez-vous donc compté, pour faire admettre, sans aucune explication, que des propos tenus dans quelques sociétés de Lyon, contre le 5 septembre et la loi des élections, ont été mettre en insurrection les paysans de Millery, de Chavrai, à 10 ou 12 lieues à la ronde. leur faire sonner le tocsin à jour et heure fixe, attaquer leurs maires et leurs curés, et proclamer, les uns Napoléon II, les autres la république, les autres le pillage et le pain à

trois sols? Quelle relation y a-t-il entre ces paysans et les salons? Comment les propos tenus
secrètement dans ceux-ci, sont-ils parvenus à
à ceux-là? Quelle affinité y a-t-il donc entre les
idées des uns et des autres, telle que l'apparition
des premières a dû nécessairement mettre en
jeu les secondes? L'itinéraire de tous ces discours de société, pour arriver jusqu'à leur but,
eût été très-instructif à nous donner, ainsi que
les gîtes où ils ont passé, et les métamorphoses
qu'ils ont dû subir dans la route, afin de pouvoir entrer dans ces têtes agrestes, peu appro-
priés pour les recevoir dans leur état primitif.
Mais si vous ne nous expliquez rien de tout cela,
vous n'ignorez point qu'on ne peut pas conclure
de ce qu'une chose soit arrivée après une autre,
qu'elle en est nécesairement l'effet. *Si post hoc,
tamen non propter hoc.* Ainsi vous ne nous
donnez là encore que le tableau des enjambées
de votre imagination.

Mais, Monsieur, les dépositions et la procé-
dure vous ont appris, ainsi qu'à nous, qu'il y
avait eu de l'argent distribué, des cartouches
confectionnées et livrées, des messagers envoyés
en différens temps et différens lieux, toutes choses qui ne se font pas sans argent. Nous faudra-
t-il croire encore que ce sont les propos des

salons qui ont produit cet argent ? La fable
dit bien que Midas changeait en or tout ce
qu'il touchait. Les adeptes de la pierre philo-
sophale prétendent bien avoir le secret de la
transmutation des métaux, mais enfin l'un et
les autres opèrent sur quelque chose de solide ;
mais faire de l'or avec des mots en l'air, ah !
Monsieur, quelle foi vous nous demandez ! Que
s'il ne vient pas de là, il est donc sorti d'ailleurs.
Or, quel croyez vous être l'agent le plus actif
pour faire mouvoir des hommes, et des hommes de la dernière classe du peuple, de l'argent
ou des paroles ? Vous parlez assurément très-
bien, mais je suis convaincu pourtant que vous
croyez plus efficace d'augmenter de cinq sols les
guides de votre postillon, pour aller vîte, que
de lui débiter la plus belle de vos harangues.
Tout autre que vous eût donc raisonné ainsi :
il y a eu, d'un côté, de l'argent donné avec intention, ponr faire une conspiration ; il y a eu,
de l'autre, des paroles, sans intention de cons-
pirer ; donc la cause de l'insurrection doit être
du côté d'où vient l'argent, plutôt que du côté
d'où viennent les paroles. Un raisonnement si
simple ne vaut-il pas toute votre métaphysique
embrouillée ?

Mais, répondrez-vous, je n'ai pas prétendu

que ces propos aient été la cause directe, effi-
ciente, mais la cause occasionnelle des troubles ;
des agitateurs s'en sont emparés pour exaspérer
le peuple, lui montrer que le Gouvernement
était décrié, et qu'il fallait se soulever contre
lui. Ainsi donc, parce que des malveillans ont
usé ou abusé de quelques discours inconsidérés, (et à défaut de ce prétexte, croyez-vous
qu'ils n'en eussent pas trouvé d'autres ?) pour
préparer, machiner et commettre des crimes ;
vous fermez les yeux sur ces malveillans et leurs
manœuvres, pour ne voir les auteurs de tout
ce désordre que dans ceux de tels discours !
Votre logique me paraît ici de la force de celle
de cet ex-membre du comité de salut public,
qui prouvait, à peu près comme vous, que
c'étaient les royalistes, et non la Convention,
qui avaient fait périr le Roi ; car, disait-il, la
Convention ne voulait que la république, mais
les royalistes voulaient la monarchie ; s'ils eussent voulu la république, la Convention n'eût
pas été obligée de condamner le Roi ; donc
ce sont eux qui sont la cause de sa mort, et qui
en sont seuls coupables. Comme cet ex-conven-
tionnel, vous ne voyez le principe du mal que
dans l'opposition à vos idées ; ce qui vous cons-

titue, soit dit en passant, infaillible et impec-
cable.

Quoi! Monsieur, vous épanchez toute votre
sensibilité sur la punition des coupables; non
qu'une juste compassion ne soit due au malheureux conduit à l'échafaud, mais elle doit
avoir ses bornes, et devient condamnable lorsqu'elle tend à le transformer en victime et les
juges en assassins. Vous reconnaissez qu'il y a
eu des agitateurs qui les ont poussés à la révolte,
et vous vous taisez sur les manœuvres, sur leurs
crimes, et toute votre indignation vient éclater
contre ceux dont les propos ou imprudens ou
inconsidérés, ou telle autre épithète que vous
voudrez leur donner, ont suivant vous, servi de
motifs et de prétextes à l'exaspération des esprits; et parmi ces motifs, ceux que vous citez
comme les plus graves, sont le déchaînement
des royalistes contre le 5 septembre et la loi des
élections; eh bien! je ne veux pas vous laisser
le prétexte de ces motifs : car pour qu'on eût pu
exaspérer le peuple par ce moyen, il faudrait
qu'il eût eu ou qu'il eût cru avoir un grand intérêt dans l'ordonnance du 5 septembre et la loi
des élections. Alors, en effet, il eût pu s'irriter
contre leurs adversaires, se soulever pour les
détruire; mais dans sa fureur il en eût indiqué la

cause même, et eût désigné ces lois. Ainsi, lorsque voulant, au commencement de la révolu-
tion, forcer le Roi à sanctionner quelques décrets
qu'il refusait, on mit le peuple en insurrection pour l'y contraindre, on fit du *veto* un
fantôme contre lequel on arma sa fureur. Il ne
savait pas ce que c'était, mais enfin il vocifé-
rait contre le *veto*. Or, dans les troubles de Lyon,
a-t-on jamais proféré un mot sur le 5 septembre
et la loi des élections ? Qui en a parlé, hormis
vous ? Donc le peuple n'y mettait point d'intérêt:
donc ce n'a point été le motif de l'exaspération
des esprits. Et quel intérêt pourraient y avoir
les hommes de ces bandes qui, en effet, ne pos-
sèdent rien et ne peuvent jamais être électeurs
ni éligibles sous la Charte ? Que leur importe
que la classe des uns ou des autres s'étende plus
ou moins. Vous vous imaginez que toutes ces questions métaphysiques, ces théories, ces doctrines
qui vous tourmentent si fort pour les faire pré-
valoir, occupent la France entière comme vous.
La vérité est que les neuf-dixièmes n'y songent
pas, et ont le bon sens de ne pas vouloir même
chercher à les comprendre ; mais votre imagination en est remplie ; elle vous les reproduit
par-tout ; par-tout vous croyez trouver vos idées,
vos affections, vos terreurs, vos espérances,

votre sensibilité pour elles ; en un mot, ce n'est encore que vous-même que vous voyez dans ces révoltés, et vous en faites tous des Camilles, sans nous les rendre plus intéressans.

Les profondes impressions qu'à laissées la funeste période des cent jours, l'immoralité répandue dans les dernières classes du peuple, la cupidité, l'ambition éveillée par de trop fameux exemples, le malaise d'une situation qui n'est point en rapport avec ses passions, l'appât d'une meilleure chance de fortune dans un bouleversement général, telles sont les causes toujours existantes de conspirations ; les hommes qui ont su rassembler ces élémens, les mettre en œuvre, qui y ont employé la ruse, la calomnie et l'argent, voilà les causes des troubles qui ont agité Lyon. Voilà celles qu'il fallait voir, rechercher, signaler, prévenir, et non se perdre dans des divagations qui ne seraient que ridicules, si elles n'étaient outrageantes et dangereuses. Eh ! bon Dieu, qu'est-ce donc que l'esprit, l'imagination, la mémoire, le brillant des images et l'élégance de l'élocution, si, de tout cela en quantité suffisante, on ne peut en extraire un gramme de sens et de raison ? Non, Monsieur, malgré toute votre dialectique, les personnes impartiales et sensées ne verront jamais les causes des troubles de notre ville là où il vous a plu de les placer ; mais j'ai dû rompre le silence pour repousser une inculpation odieuse par laquelle vous livrez à l'animadversion générale les hommes les plus respectables de Lyon, et en d'autant plus grand nombre, que le vague de vos indications donne plus de facilité de faire porter le soupçon sur qui l'on voudra. Que quelques-uns avaient pu montrer de l'exagération dans leurs idées ; je ne les ai point suivis ; je les ai désaprouvés sans craindre les murmures ; mais je n'en estime pas moins leur caractère, leur loyauté, leurs nobles sentimens et pour le Roi et pour la France, et je n'ai pu voir sans indignation que vous veniez soulever de nouveau contre eux tout le fanatisme révolutionnaire. Je ne partagerai jamais leurs illusions, je partagerai toujours leurs dangers. Heureusement nous n'en sommes pas encore à cette extrémité, et il n'en faut pas tant pour se parer de vos attaques.

Mais sont-ils donc tout-à-fait exempts de reproches, ceux qui, dans une affaire aussi grave, ont cherché à donner le change à l'opinion publique et au Gouvernement, d'abord en niant la conspiration elle-même, et enfin lorsque la réalité en a été démontrée jusqu'à l'évidence en détournant l'attention et en s'efforçant de la faire flotter incertaine où en avaient été les véritables auteurs. A force de bruit, d'agitation, de trépignemens de toute espèce, ils sont parvenus à produire autour d'une question aussi simple et aussi claire que le jour, un nuage épais dans lequel la lumière s'est perdue un moment, et les coupables avec les fils de leurs trames, ont disparu pour toujours. Je me réserve d'examiner ce point en temps opportun, si cela est nécessaire.

Pour le présent, je ne m'occupe que de vos raisonnemens. J'ai trouvé jusqu'ici que le simple bon sens aurait dû diriger vos vues ailleurs ; je trouve actuellement que le caractère dont vous êtes revêtu vous interdisait toutes ces inculpations calomnieuses. Je dis calomnieuses, et je me sers de cette expression, sciemment ; ouvrez le Code criminel, à l'article calomnie ; et vous verrez si votre discours ne rentre pas dans la définition qu'il en donne. Si un particulier en accuse faussement un autre, et lui attribue un vice ou un fait qui puisse le flétrir dans l'opinion de ses semblables, celui-ci a la loi et la justice pour appui ; elles viennent à son secours s'il les invoque, pour protéger son innocence, punir son adversaire et le contraindre à une légitime réparation. Mais nous, Messieurs, quand nous aurons inculpé quelqu'un inconsidérément, quel moyen lui reste-t-il pour se laver de la flétrissure que nous aurons attachée à son nom ? Les paroles que nous laissons échapper du haut de la tribune, volent d'une extrémité de l'Europe à l'autre, pénétrent jusque dans les moindres villages, et ébranlent l'opinion de tout le monde civilisé. Qui peut penser que des hommes chargés de la fonction sacrée de donner des lois à un grand peuple, dont le jugement, les lumières, l'équité, doivent avoir été éprouvés par une longue expérience ; qui peut penser, dis-je, que de tels hommes avancent contre leurs concitoyens, contre des magistrats, des accusations dont ils n'auraient pas des preuves claires, constantes irrécusables ? Ils doivent donc être présumés coupables, ceux que nous accusons, par cela seul que nous les accusons ; et quand ils pourraient démontrer leur innocence et notre erreur, comment donneront-ils jamais à leur justification, l'éclat, l'étendue, l'autorité qu'a eus l'accusation ? A quel prix, quel sacrifice pourront ils y parvenir ? Mais où, devant quel tribunal, nous appelleront-ils pour faire effacer la tache que nous leur aurons imprimée, et obtenir une réparation à laquelle ils auraient un si juste droit? Nos opinions sont indépendantes et doivent l'être, nous n'en sommes responsables qu'à notre conscience et à Dieu. Et voilà précisément ce qui nous commande une plus grande réserve dans nos paroles, et nous interdit de juger qui que ce soit, parce que nos paroles tombant de plus haut, pénètrent plus profondément là où elles frappent, et parce que nous les proférons sans danger pour nous-mêmes. Où en serait la liberté individuelle, les droits les plus sacrés et les plus chers de l'homme, l'honneur et la réputation, si nous, qui devons en être les protecteurs, inculpons, accusons, flétrissons, au gré de nos caprices, de nos passions, ou de nos préventions, sous l'égide de notre inviolabilité? Un tel Gouvernement serait insupportable, et pour ma part, je renoncerais à en être membre. Ou il faut nous dépouiller du privilége qui nous couvre, consentir à comparaître devant les tribunaux pour y prouver la vérité de nos accusations, reconnaître et réparer les erreurs qui nous seraient échappées, ou l'honneur seul nous défend d'attaquer quiconque ne peut pas combattre à armes égales avec nous. C'est ce sentiment délicat de l'honneur pour soi-même, ce respect religieux pour celui des autres, qui a distingué dans tous les temps les princes de la maison de Bourbon, et les a rendus si attentifs et si scrupuleux dans tout ce qui pourrait blesser non-seulement la réputation, mais la sensibilité même du moindre de ceux qui les approchaient. Ils savaient, ces princes généreux et magnanimes, si par malheur ou par inadvertance .....

Un moment, Monsieur, je m'aperçois qu'en vous répondant, votre verve me saisit comme par enchantement, et que je vais je ne sais où : il ne me reste pour sortir de ce piège, que de conclure brusquement.

Je conclus à ce que vous gardiez le silence à l'avenir, et que vous employiez plus de votre temps à méditer ce précepte d'Horace.

Dicendi rectè sapere est et principium et fons.

FIN.